AF357016

ÉNERGIE ET VERTU

DISCOURS

EN FAVEUR

DE

LA SOCIÉTÉ NATIONALE D'ENCOURAGEMENT AU BIEN

Prononcé en l'Église Saint-Roch, le 30 avril 1865

PAR

M. L'ABBÉ E. MICHAUD

Vicaire à Saint-Roch.

LAGNY

IMPRIMERIE DE A. VARIGAULT

1865

ÉNERGIE ET VERTU

« Fac bonum. — Fais le bien. »
(Ps. xxxvi, v. 27.)

Messieurs,

Mes Frères,

La loi est une règle qui nous dirige entre notre
point de départ et notre point d'arrivée. Fils coupables d'un père coupable, nous trouvons à notre
point de départ le mal ; mais aussi, appelés à rede-
venir, par la grâce, les fils saints du Père céleste,
nous devons trouver à notre terme le bien. Voilà
pourquoi, lorsque nous essayons de résumer et de
ramener à leur expression fondamentale tous les
préceptes de la loi, nous arrivons à cette parole,
si courte et si immense, de la Sainte Écriture :

« *Declina à malo et fac bonum*, sors du mal et va au bien. »

Le grand moyen d'accomplir la loi, c'est l'amour, parce que l'amour, c'est à la fois l'horreur du mal et le désir du bien. C'est donc à l'amour qu'est échue de Dieu cette tâche sublime d'arracher l'homme au mal et de l'enraciner dans le bien.

Or, les chrétiens véritables, c'est-à-dire ceux qui obéissent à la loi et portent dans leur cœur un réel amour de Jésus-Christ, manifestent de nos jours une horreur du mal qui va même jusqu'à la compassion pour ceux qui en sont atteints. Leur charité, lorsqu'elle rencontre soit le mal moral, soit même le mal physique, leur met souvent dans les yeux des larmes trop admirables pour ne pas consoler les douleurs sur lesquelles elles tombent, et dans les mains des aumônes qui sont toujours grandes, quelque faibles qu'elles soient, parce qu'elles sont grandes de l'amour qui les donne. En effet, que de bonnes œuvres contre le mal ! que de maisons ouvertes, par la charité chrétienne, aux misères de l'humanité ! que de personnes qui dévouent jusqu'à leur vie pour soigner les souffrances du corps et guérir celles de l'âme !

Toutefois, ce n'est là que le premier pas de la

charité. L'amour qui chasse le mal n'est qu'un amour commencé : né pour s'identifier avec le bien, il doit tourner surtout vers lui ses forces et son ardeur. Quand il a détruit le mal, il n'a fait que briser ses propres fers ; c'est alors que commence, avec sa liberté, la meilleure partie de sa vie, celle qui consiste à prendre son vol et à battre généreusement des ailes vers les régions où habite le bien. Quand l'amour a mis le mal en ruines, il lui reste à bâtir l'édifice du bien, car il ne repousse le mal que pour avancer vers le bien. S'il s'arrêtait après sa victoire, il se déclarerait, par le fait, indigne de sa couronne et de la destinée pour laquelle Dieu l'a créé : car quelque vaste que soit le théâtre où il lutte contre le mal, ce théâtre n'est rien auprès de celui où il doit s'unir au bien, marcher du bien au mieux, et s'élancer du mieux au parfait. Le christianisme, en effet, n'est pas seulement une négation, c'est encore et surtout une affirmation, puisque c'est la religion de Celui qui est l'affirmation infinie, l'affirmation consubstantielle de Dieu son Père, Jésus-Christ.

Mais tout chrétien est apôtre ; de même qu'après avoir attaqué le mal en lui par un amour sacrificateur, il le poursuit encore dans ses frères par un amour compatissant, de même, après avoir accom-

pli le bien, il s'efforce encore de le faire accomplir à
autrui. Il ne lui suffit pas d'affirmer le bien solitai-
rement et de faire à Jésus-Christ une place dans son
âme isolée, il veut encore étendre cette sublime affirmation et lui faire un royaume jusque dans l'âme
des autres hommes.

Telles sont, mes Frères, les vérités fécondes dans
lesquelles a pris naissance la *Société d'encouragement au bien*. Jusqu'à présent on avait surtout regardé, pour ainsi dire, à l'occident des choses, là où
le soleil se couche, où les ténèbres se lèvent et avec
les ténèbres le mal : la *Société d'encouragement au
bien* a surtout regardé du côté de l'orient; éprise du
soleil, elle a oublié la nuit et les cris douloureux qui
y retentissent et s'est mise en marche pour servir le
bien ; la beauté de la vertu a prévalu dans son cœur
sur l'horreur du vice, et toute l'ambition de sa gé-
nérosité a été de pousser les hommes vers ce qui
l'avait séduite. Tel est son but. Les moyens par les-
quels elle cherche à l'atteindre, ce ne sont pas des
récompenses; elle sait trop que Dieu seul est assez
grand pour récompenser la vertu et que les couronnes
des hommes, par quelques mains qu'elles soient tres-
sées, ne sont pas assez larges pour son front ; ce sont
des secours, soit matériels, soit intellectuels, soit

moraux, qui tous tendent immédiatement à en com-
muniquer un autre, plus haut et plus profond, celui-
là même pour lequel ils sont faits et qui est le grand
moyen de toute chose, l'énergie.

Or, mes Frères, c'est la logique de ce but et de
ces moyens que j'essaierai de faire ressortir dans vos
esprits, pour donner vos cœurs à la Société qui les sol-
licite et qui est si digne d'en être secourue, et surtout pour les attacher à jamais à Celui qui a passé
en faisant le bien.

I

A qui demande la définition du bien saint Thomas
d'Aquin répond : « Le bien, c'est ce à quoi tendent
tous les êtres, *bonum est id quod omnia appetunt.* »
Lorsqu'on cherche, en effet, avec un regard pur et
sincère, à pénétrer la nature intime de la vertu, on
arrive bien vite à constater qu'elle est la plus belle
chose après Dieu. La vertu supplée à tout ce qu'elle
ne donne pas ; elle a assez de grandeur et assez de
charmes pour remplir, à elle seule, toute notre âme
et nous tenir lieu du reste de l'univers : tandis que

rien de ce qui ne donne pas la vertu ne saurait la suppléer. C'est elle qui nous approche de notre perfection en nous menant vers Dieu ; tout en étant un chemin dans le temps, elle est, selon la parole d'un prophète, un chemin qui mène à l'éternité ; et, comme l'a dit un grand esprit de nos jours : « Ici-bas, il n'y a qu'une force vraie, c'est le sentiment de la vertu. »

Et, dès lors, ne semblerait-il pas qu'une société ayant pour but d'encourager au bien et à la vertu, fût une société inutile ?

Ne le croyez pas.

Le bien dont il s'agit, c'est l'être entrant vainqueur dans la volonté. Et d'abord, c'est l'être : donc ce n'est pas une de ces chimères sans consistance dont toute la force consiste à apparaître et tout le charme à nous effleurer ; non, mais c'est l'être, c'est le réel, et dans le monde moral le réel nous est difficile à saisir. Ensuite c'est l'être atteignant jusqu'à notre volonté : or, pour arriver jusque-là, que de régions ne faut-il pas traverser ? C'est l'idée, c'est le jugement, c'est la réflexion, c'est le raisonnement ; et cela répété mille et mille fois : puis, c'est la liberté à convaincre, à persuader, à déterminer, à faire passer de la puissance à l'action. En sorte que le bien ne se produit en nous que par les efforts d'un travail considérable : c'est la résultante du vrai et du beau dans une âme qui les a vus et qui les accepte.

Ah ! si nous avions le regard assez ferme et assez profond pour saisir tout ce qu'il y a de sacrifice accompli et de vie donnée dans un acte de vertu, certainement nous serions ravis d'admiration, mais peut-être aussi tremblerions-nous.

Essayons donc, non pas pour nous décourager, mais pour nous affermir, essayons de décomposer cet acte, d'analyser les difficultés qui l'assaillent de tout côté, de descendre dans le détail des efforts et des sacrifices qu'il coûte, et d'entrevoir sur quelles sanglantes épines la vertu doit marcher en cette vie pour être digne de l'autre.

Comme je vous l'ai dit, le premier devoir qui pèse sur quiconque veut faire le bien, c'est de ne pas faire le mal; et soit à cause de la faiblesse de l'homme, soit à cause de la puissance du mal, c'est là plus qu'une simple abstention, c'est un travail énergique, une bataille. Il est vrai que le mal, en réalité, n'est qu'une privation de l'être ; mais ce qu'il n'a pas dans son fond il l'affecte dans sa surface. Autant il y a de vide et de difformité dans le

dedans, autant il y a au dehors d'éclat et de charmes. Si le mal était franc et se montrait tel qu'il
est, il n'aurait pas un ami ; mais le mal est trompeur, il jette sur ses misères le manteau de la for-
tune, il sait dissimuler les remords dont il est armé
derrière les voix séduisantes du plaisir, il a, pour
cacher sa laideur, les fards de la beauté et même
de la vertu. Le mal n'est pas seulement trompeur,
il est subtil : il se glisse partout ; on le trouve non-
seulement sur les grands chemins, mais dans les
sentiers les plus oubliés ; partout où il voit le bien,
il s'élance pour le dévorer ; audacieux jusqu'à affronter Dieu, il entre dans ses temples, il rôde autour de ses autels, et quelquefois même c'est là
qu'il aime à souffler ses miasmes les plus empoison-
nés. Tel est le mal. Nous avons beau le détester par
la raison, il nous tient par le cœur ; lorsque nous le
maudissons, il nous charme ; aux regards courrou-
cés que nous lançons contre lui, il répond par des
sourires séducteurs, et le triple airain dont nous en-
veloppons nos âmes n'intimide pas ses dards.
C'est donc une véritable violence qu'il faut se faire
pour échapper à ses enlacements et éviter ses
coups.

Et tandis que le mal nous séduit, le bien nous

effraie ; tandis que le mal est assez habile pour se donner des airs de bonheur, je dirais presque que la vertu est assez maladroite pour avoir des dehors misérables et affligés. Peu sensible à la perfection qu'elle possède, elle est surtout triste de celle qu'elle n'a pas ; elle a beau s'approcher de Dieu, elle en est toujours trop éloignée ; elle a beau faire le bien, elle ne le fait jamais assez ; après une action bonne, elle se sent sollicitée par une action meilleure, et, quand elle en a triomphé en l'accomplissant, la hauteur à laquelle elle s'est élevée lui découvre un nouvel horizon : c'est le parfait avec son immensité si magnifique et son soleil si pur ; ravie de nouveau, elle n'aura pas de repos qu'elle n'ait monté jusqu'à lui ; et quand elle s'y trouve, c'est pour mieux sentir tout ce qu'elle voudrait et tout ce qu'elle ne peut pas. C'est, si je puis parler de la sorte, le mal du bien, le mal du mieux, le mal du parfait, le mal de l'infini, le mal du ciel sur la terre. De là ce tremblement qu'elle excite en nous lorsque nous la regardons en face : c'est une amie, mais une amie austère ; et celui qui ne la connaît pas à fond ne l'aime que superficiellement.

Mais ce n'est pas assez d'attacher son acte à un

objet bon : l'objet, en effet, spécifie l'acte, mais ne le constitue pas en entier. Il y a encore le mode suivant lequel l'acte doit s'accomplir. Donc, après avoir fait le bien, il faut encore le bien faire. C'est peut-être ici que se rencontrent les plus grandes difficultés pratiques de la vertu. Il y a tant de choses, et en nous et autour de nous, qui conspirent à corrompre la bonté de nos actes, à les empêcher d'arriver purs et intacts à leur terme, à détériorer dans l'exécution ce qu'elles n'ont pu blesser dans la résolution ! Mille passions déréglées sont là qui essaient de séduire les facultés de notre être. Les unes excitent dans notre intelligence des pensées qui font obstacle à celle qui nous occupe, et ralentissent son élan en obscurcissant sa lumière : au lieu d'atteindre son terme comme la flèche son but, elle y arrive, comme la prière d'Homère, entravée par mille distractions et boiteuse. Les autres s'attaquent à la volonté et tâchent de mettre dans l'intention le désordre que les premières ont établi dans l'attention : ce sont d'abord des intentions secondaires qui se disent amies de la nôtre ; puis, si nous leur faisons place, elles se regardent peu à peu comme propriétaires du terrain que nous leur avons cédé. Ce droit de cité les enorgueillit : elles

prennent un visage superbe, mais d'un orgueil qui
ne détruit pas leurs charmes ; elles trouvent le secret de multiplier leurs sollicitations, tout en décla-
rant leur hostilité ; ce sont des attaques sous forme
de prières ; douces et puissantes à la fois, aidées
encore par la faiblesse de notre cœur, elles finissent
par détrôner et bannir de notre volonté l'intention
qui y régnait, et c'est ainsi que, souvent, après nous
être mis en marche avec une volonté droite et une
intention pure, nous arrivons souillés au terme et
nous n'apportons, pour embrasser notre objet, que
des lèvres coupables. Quelle énergie ne nous faut-il
donc pas pour dompter toutes ces passions ! Elles
nous flattent, et il nous faut les châtier ; elles veulent
nous corrompre, et nous devons les purifier : elles
veulent nous entraîner, et c'est nous qui devons
leur mettre le mors et forcer leur impétuosité à
nous rendre la route plus directe et meilleure.

Rien n'est petit dans l'homme de bien, parce que
tout est de lui et de Dieu. Si la moindre de nos
bonnes actions peut monter jusqu'au ciel et nous le
faire mériter, c'est qu'elle est grande. Et du reste,
plus une chose excite la haine du mal et en est as-
saillie, plus elle renferme de bien ; comme disait un
philosophe païen, Lao-Tseu, « on mesure les tours

par leur ombre et les grands hommes par leurs en-
vieux. » Nous pouvons donc, sans nous tromper,
étendre à tous les actes vertueux la parole que Bal-
mès a dite des choses grandes et difficiles : « Il faut
une lente combinaison, une volonté décidée, une
action vigoureuse : tête de glace, cœur de feu, main
de fer. »

Et si, après avoir considéré d'une part l'objet et la
fin qui terminent l'acte, d'autre part le mode suivant
lequel il doit se produire, nous examinons encore
les facultés qui doivent l'accomplir, que de nouvelles
difficultés ne rencontrons-nous pas ! L'homme étant
composé d'un corps et d'une âme, doit évidemment
opérer et dans son âme et dans son corps ce qu'il
doit faire en tant qu'homme. Or, pour faire le bien
avec son corps partout où le corps doit y prendre sa
part, c'est-à-dire partout où le bien doit être exté-
rieur et public, il faut affronter la méchanceté des
hommes et briser cette lâcheté si puissante qu'on
nomme le respect humain. Rien n'est plus mépri-
sable à notre raison qu'un homme qui attaque le
bien. Et cependant, par je ne sais quelle faiblesse de
caractère qui nous fait confondre l'honneur avec le
faux point d'honneur et qui, sous prétexte de nous

grandir avec celui-là, nous avilit avec celui-ci,
qu'arrive-t-il? Au lieu de mépriser les attaques d'un
tel homme, nous les honorons jusqu'à trembler devant elles; ses paroles sans idées rendent nos idées
sans paroles; ce qui n'est qu'un son sur ses lèvres
glace ce qui est la vérité dans notre intelligence;
l'ironie de son sourire, qui ne devrait pas même
troubler la surface de notre volonté, la paralyse et
ne lui laisse de force que pour montrer sa faiblesse
et s'avouer vaincue. Et certes, cet homme n'est pas
un être chimérique : à chaque instant ne le rencontrons-nous pas avec ses sarcasmes? ses pamphlets ne
sont-ils pas exposés à tous les yeux? ses objections
ne sonnent-elles pas à tout propos? De nos jours, et
en France surtout, l'ironie est armée d'une pointe
qui, du premier coup, va jusqu'aux os; et celui qui
veut y résister doit être armé à son tour d'une lumière sérieuse et d'une vigoureuse énergie.

Toutefois, si je ne me trompe, il est encore plus
facile de faire le bien en public qu'en secret. Lorsqu'on fait le bien publiquement, on a, pour se dé-
dommager de l'ironie des petites intelligences et de
la haine des petits cœurs, l'estime et l'affection de
ces hommes en qui souvent la science le dispute à la
vertu, desquels nous n'approchons jamais sans de-

venir meilleurs, et dont un sourire, tombé sur nous, nous est un honneur en même temps qu'une joie : tandis que, pour faire le bien dans le secret de son âme, au fond de sa pensée et de son amour, on n'est en face que de soi-même. Sans doute on peut tout espérer de Celui qui scrute les cœurs, mais du côté des hommes, c'est le silence et le désert ; l'intérêt et la gloire, qui nous stimulent en public, alors même que notre vertu essaie de se soustraire à leur influence, sont ici sans aiguillon ; la seule voix qui nous presse, c'est le devoir ; et il faut que l'âme soit bien droite pour se trouver satisfaite de ses attraits austères. Et à côté de cette voix du devoir qui nous appelle vers le bien, retentit la voix de notre lâcheté personnelle qui nous endort dans la torpeur : en public, c'est un ennemi découvert qu'il faut combattre ; ici, c'est un ennemi caché ; là, c'est une ironie acérée, quelque chose d'aigu qui ne nous permet pas l'inaction ; ici c'est un amour du sommeil qui nous retient en nous-mêmes, qui empêche notre intelligence d'appeler la lumière, et force doucement notre volonté à confondre l'immobilité avec le repos. Quiconque veut faire le bien doit évidemment secouer cet engourdissement comme la pierre d'un sépulcre, car rien n'est actif comme la vertu.

Or tout ce qui est actif est douloureux : agir, c'est se donner ; se donner, c'est sortir de soi, et s'immoler d'une certaine façon ; et toute immolation, alors même qu'elle se fait en face du ciel, est une douleur. Savez-vous comment Thomassin définissait la vertu ? Thomassin la connaissait ; aussi la définition qu'il en donne est-elle admirable : « *Virtu-* « *tes non intra se acquiescentis, sed extra se in Deo* « *prosilientis animœ eruptiones sunt ;* » la vertu, ce n'est pas le calme ; ce n'est pas cette complaisance repliée sur elle-même, cette satisfaction sentie, cette auréole tranquille sous laquelle on se la figure souvent ; mais c'est une éruption, *eruptiones sunt.* Le cœur de l'homme est comme l'Etna ; l'amour est une lave brûlante ; et la vertu c'est cette lave lancée et montant jusqu'à Dieu !

Mais, d'une part, le mal n'a pas une existence transitoire : c'est un ennemi qui se dresse devant nous à tous les instants de la vie et à tous les coins du monde ; quand nous l'avons vaincu cent fois, il faut le vaincre cent fois encore. D'autre part, la vertu n'est pas un acte isolé qu'on exécute une fois pour toutes ; faites venir ici qui vous voudrez, non-seulement un théologien, mais même un philosophe, un

Socrate, un Aristote ; tous vous diront que la vertu n'est pas un sentiment passager, mais une habitude constante, un état permanent, et que, tout en se mouvant dans le temps et dans la volonté changeante de l'homme, elle doit avoir quelque chose de l'éternité. Ensuite, toutes ces passions qui se mettent en travers de nos vertus ont beau être vaincues toujours, jamais elles ne sont détruites ; nous les brisons, elles renaissent de leurs morceaux. Si donc nous devons nous dévouer, ce n'est pas seulement à une lutte d'un jour, c'est à une lutte de toute la vie. O homme, tu es lassé : marche ! ton armure te blesse ; ton épée, que tant de victoires ont rendue légère, commence à devenir lourde dans ta main : Souviens-toi qu'une action mauvaise ne repose pas et qu'une défaite de l'âme efface tous les triomphes ; souviens-toi que la vertu est une montée vers le ciel, un éternel effort vers le sommet le plus sublime, mais à travers des montagnes et des abîmes. Ce n'est donc plus de l'énergie qu'il nous faut, c'est de la persévérance ; c'est-à-dire une force qui veille le jour et qui veille la nuit, une force qui sache marcher sur les fleurs et marcher sur les ronces, une force qui soit debout dans la guerre et debout dans la paix. L'énergie qui cesse n'est plus qu'une lâ-

cheté ; pour être elle-même, il faut qu'elle soit toujours. Sans l'énergie on n'est qu'un lâche ; sans la
persévérance on n'est qu'un traître ; « fasse le ciel,
« disait Ozanam, que nous soyons à jamais préser-
« vés de ces deux espèces d'hommes qui font perdre
« les batailles : les lâches et les traîtres ! »

Telle est la grandeur de l'homme, que tout ce qui
n'est pas continu est indigne de lui : tant que l'é-
nergie est dans son âme pour y servir le bien, il est
grand ; du moment qu'elle le laisse, elle le laisse dé-
gradé. S'il est dans la joie, il lui faut de l'énergie,
car la joie sans l'énergie devient la mollesse, et, eût-
on l'âme d'Annibal, la mollesse mène à Capoue,
c'est-à-dire à la mort. S'il est dans la douleur, il la
lui faut encore, car la douleur sans l'énergie devient
le désespoir, et, eût-on l'âme de Caton, le désespoir, lui aussi, mène à la mort. O Frères, soyez
plus forts que vos joies et plus forts que vos douleurs ;
citoyens du ciel, n'allez jamais à Capoue ; ne prenez
jamais l'épée de Caton, mais toujours celle du devoir, celle des hommes d'honneur et des saints ; ayez
une nature vigoureuse dans une grâce invincible ;
pour la gloire de l'humanité et pour celle de Jésus-
Christ, soyez hommes et soyez chrétiens à toutes
les heures de la vie ; prenez la vertu comme but, et

l'énergie comme moyen ; que votre vertu ait toujours son principe et sa séve dans l'énergie, et que votre énergie ait toujours sa fleur et son terme dans la vertu. La vertu et l'énergie ! Ah ! faites-leur dans vos âmes une présence immortelle digne, de leur sublimité !

II

Donc, dans l'ordre moral, le premier mot de la vie humaine et de la vie chrétienne, c'est l'énergie, parce que le dernier, c'est la vertu.

Mais où trouver cette énergie persévérante sans laquelle nous ne saurions faire sérieusement le bien ?

J'en vois trois grandes sources : le développement de la raison, le progrès dans l'union de l'homme avec Jésus-Christ, et l'association des hommes entre eux.

Je m'explique.

Un homme énergique, c'est un homme de caractère. Qu'est-ce donc qu'un caractère ? c'est une volonté qui a une idée, une volonté assise sur un principe. D'où il résulte qu'un homme énergique

c'est un homme de principes. Parcourez les sciences,
montez l'échelle des êtres : la physique vous mon-
trera la lumière pour ainsi dire féconde et donnant
naissance aux autres forces de la nature ; la chimie
vous fera pénétrer dans la composition des subs-
tances et vous conduira, d'analyse en analyse,
jusqu'à des corps simples, c'est-à-dire à des principes ; les mathématiques vous mettront sous
les yeux des axiômes d'où vous ferez éclore
dans la clarté des séries inconnues ; dans le
règne végétal, si, remontant le cours de la vie,
vous allez des fruits aux fleurs et des fleurs aux
germes, ce sont des principes que vous trouverez
en dernière analyse. En sorte que l'univers nous
présente un spectacle magnifique : la vie sortant des
principes. Or, s'il en est ainsi dans le monde de la
matière, que ne sera-ce pas dans le monde des âmes ?
Ici surtout c'est de la lumière que sort la force,
c'est de la vérité qu'émane l'énergie, c'est des principes que jaillit la conviction. Telle est la vérité,
telle est l'énergie : si la vérité est contingente,
transitoire, particulière à tel temps et à tel lieu,
vous n'aurez qu'une énergie débile et passagère ; si,
au contraire, c'est une vérité nécessaire, absolue,
universelle, plus haute que les siècles et les es-.

paces, en un mot, si c'est un principe, vous brû-
lerez d'un feu qui ne s'éteindra pas, votre force sera
l'énergie continue, la persévérance. Donc le progrès
de l'énergie est en raison directe du progrès de la
lumière ; plus les principes de la raison se dévelop-
peront, plus les convictions deviendront fortes ; et
plus les convictions seront fortes, plus aussi les ca-
ractères deviendront inébranlables ; et plus les ca-
ractères seront inébranlables, plus les âmes seront
capables du bien, de la vertu.

Il y a, je le sais, des hommes qui aiment la nuit ;
mais les vrais chrétiens ne sont pas les fils de la
nuit, *non sumus noctis;* nous sommes les frères du
Verbe incarné, de Celui qui est l'éternel jour : ce
n'est que dans les âmes mesquines que la tête fait
mal au cœur ; ce n'est que l'ignorance qui déteste
la science ; et quiconque sait raisonner n'a pas peur
des raisonnements. Donc développons la raison de
tout homme qui est venu en ce monde ; enseignons-
lui les principes qui doivent régler la vie soit dans le
corps, soit dans l'âme, soit dans la famille, soit
dans la société ; expliquons-lui la moralité des actes
humains jusque dans ses délicatesses les plus ex-
quises ; montrons-lui la beauté du travail, de l'ordre,
de l'économie, de la tempérance ; enseignons-lui le

bon emploi du temps et le bon emploi du salaire ; prouvons-lui la nécessité de secourir ses parents et d'instruire ses enfants ; apprenons-lui ce que c'est que la vie, et ce que c'est que la mort ; démontrons-lui ses droits et ses devoirs envers le pays et envers Dieu. Qu'il sache que forfaire c'est descendre, qu'être fidèle c'est monter ; qu'il sache que l'égoïsme est la corruption de l'amour, que le sacrifice en est la beauté et la vie ; qu'il sache que sans la religion l'homme n'existe qu'à demi et affaissé sur lui-même, qu'avec elle il est debout, une couronne au front ; en un mot, si son corps est vêtu de haillons, que son âme du moins le soit de lumière. Vous l'avez, compris, Messieurs, puisque ce sont là les grands principes qui servent d'assises à votre Société, et malgré mon indignité, laissez-moi, au nom de l'esprit humain, vous en féliciter et vous en remercier.

Mais, dira-t-on quelque part, ces enseignements pourraient-ils descendre dans les classes inférieures? Oui, certes, ils le peuvent ; ils sont assez sublimes pour cela. Est-ce que Dieu n'est pas en bas comme il est en haut? est-ce que sa lumière n'est pas assez immense pour être partout? Si votre langage est simple, vos idées ne seront jamais trop élevées ; et souvent ceux qui sont les plus aptes à monter, ce sont ceux qui sont en bas. Connaissez-vous le cordonnier Kilinski, de Varsovie? C'était un homme admirable. Assez éclairé pour comprendre que la vertu est le bien suprême de l'homme, résolu à tous les malheurs plutôt que de trahir ceux de sa patrie, il descendait dans la rue après avoir prié Dieu et donnait le signal du combat. Les Russes l'appelaient avec ironie *le roi Kilinski.* Un jour le gouverneur russe le fit venir en sa présence, et croyant l'intimider, il entr'ouvrit son manteau pour montrer au cordonnier les décorations constellant sa poitrine ; « Regarde, bourgeois, et tremble », lui dit-il — « Monseigneur, reprit le cordonnier, je vois chaque nuit dans le ciel des étoiles innombrables et je ne tremble pas. » Messieurs, les Russes avaient raison : ce cordonnier était vraiment roi; il avait pour couronne la vertu et pour sceptre l'énergie. Or, je dis que le dernier d'entre nous peut être sublime comme ce cordonnier.

Toutefois la raison ne renferme que des principes de l'ordre naturel, et par conséquent son développement, quelque considérable qu'il soit, ne versera jamais dans la volonté qu'une énergie naturelle. Or, ce n'est pas seulement le bien naturel que nou avons à faire, il nous faut encore accomplir le bien surnaturel ; après avoir pratiqué les vertus humaines, il faut encore se dévouer aux vertus chrétiennes et donner à Jésus-Christ une place dans sa vie. Un jour les Juifs demandèrent à Jésus-Christ : Qui es-tu? Et Jésus leur répondit : « Moi qui vous parle, je suis un principe, *principium qui et loquor vobis* » (1). La raison, c'est la lumière de l'homme; Jésus-Christ, c'est la raison de Dieu. La raison de l'homme contient des principes qui sont multiples, parce qu'ils sont engendrés dans une lumière infirme, incapable de se donner en un seul coup : mais la raison de Dieu est infinie, elle s'est donnée tout entière dans une seule génération, et le principe infini qu'elle a engendré, c'est le Verbe. Jésus-Christ, qui est ce même Verbe incarné, est donc le principe divin, et quiconque s'unit à lui en reçoit, avec une lumière divine qui s'appelle la Foi, une énergie divine qui s'appelle la Charité. La charité c'est l'ardeur vitale de la foi; c'est la force de faire divinement le bien divin; c'est la puissance qui informe et vivifie toutes les autres vertus. Par conséquent, le progrès de l'énergie divine en nous est

(1) Evangile selon saint Jean, viii, 25.

en raison directe du progrès de notre union avec Jésus-Christ.

O Jésus! principe de ma vie, où donc vous trouverai-je? Dites-le moi, car j'ai soif de la vie et j'ai soif de vous. Est-ce au cénacle? Est-ce sur les bords du lac de Génésareth? Est-ce au Thabor? Est-ce sur la montagne des béatitudes? Ah! sans doute, Jésus est là; mais il ne s'y donne qu'à demi. C'est sur une autre montagne qu'il se donne en entier. Chrétien, viens au Calvaire; c'est ici. Oui, c'est ici qu'il se montre à découvert; c'est ici qu'il est docteur, ici qu'il est pontife, ici qu'il est victime, ici qu'il est sujet, ici qu'il est roi, ici qu'il est homme, ici qu'il est Dieu! Donc, plus nous nous attacherons à la croix de Jésus-Christ, plus nous participerons à son énergie. « Pourrions-nous voir, en effet, dit Bossuet, « notre brave et victorieux capitaine verser son sang « pour notre salut avec une si grande joie, sans que « le nôtre s'échauffât en nous-mêmes par ce spec- « tacle d'amour? » Si la parole qui sort des lèvres est quelquefois une puissance qui nous remue et nous fait forts, que sera-ce de la voix qui parle par des plaies? Si la voix de l'idée donne du courage, quel courage ne donnera pas la voix du sang? O sang d'Abel, tu criais jusqu'au ciel et jusque dans les abîmes du cœur de Caïn! Sang de Jésus, crie, toi aussi, crie jusque dans nos âmes, et si tu as donné la mort à Jésus en sortant de ses veines, donne-nous, oh! donne-nous la vie en entrant dans nos cœurs!

Cependant, où est-il, ce sang? Où est-elle, cette croix? Où est-il, ce calvaire? Faut-il remonter dix-huit siècles pour les trouver? Non, chrétiens, n'allons pas dans l'histoire : l'histoire ne donne que des souvenirs ; c'est le pays des choses qui furent. Allons dans la religion : elle contient des réalités qui ne passent pas. Et, en effet, si nous entrons dans le temple catholique, ne voyons-nous pas à la place d'honneur un rocher, et un rocher surmonté d'une croix? Ce rocher, c'est le Calvaire. Là, tous les jours, s'accomplit réellement, quoique d'une manière non sanglante, le sacrifice de Jésus-Christ. Toutefois, s'il s'immole, ce n'est ni pour mourir ni pour donner la mort, c'est pour vivre, et pour vivre non-seulement en lui, mais encore en dehors de lui et répandre sa vie aussi loin que son sang. Il a l'air d'un pain qui est mangé, et, en réalité, c'est un pain qui mange ; on dirait un vin qui s'anéantit, et c'est un vin qui vivifie. La communion est la grande transfiguration de l'homme, parce que c'est dans le sang de Jésus-Christ qu'est la loi de la vie surnaturelle. « En vérité,

« en vérité, je vous le dis, si vous ne mangez la
« chair du Fils de l'homme et si vous ne buvez son
« sang, vous n'aurez point en vous la vie » (1). C'est
cette parole qui fait de tout chrétien un mangeur de
chair et un buveur de sang, c'est-à-dire un homme
qui porte dans ses veines une énergie d'autant plus
vigoureuse qu'elle lui vient d'un sang versé par
amour et bu par amour. Voyez donc les saints : de
quoi ont-ils peur au sortir de la communion ? Quels
orages n'affrontent-ils pas ? Si César pouvait dire à
son batelier : « Que crains-tu ? tu portes César, »
mieux que César ils se disent à eux-mêmes : Que
crains-tu ? tu portes Dieu. O vous donc qui voulez
vivre de la vie divine et parcourir les régions de la
vertu chrétienne, venez à l'autel, assistez au sacrifice
de Jésus-Christ, mangez sa chair et buvez son sang.
Et vous, Messieurs, qui travaillez à détruire ce jour
d'orgie par lequel on a voulu détourner les hommes
du sacrifice de Jésus-Christ et les empêcher de ra-
fraîchir dans son sang leurs lèvres brûlantes ; vous,
qui cherchez à briser dans leurs mains la coupe igno-
minieuse où ils boivent le sang de la débauche, pour
y placer le calice du sang qui transfigure, vous êtes
les défenseurs de la vie contre la mort, les défenseurs

(1) Évangile selon saint Jean, vi, 54.

de l'énergie divine contre la lâcheté brutale ! Des hommes pourront vous maudire ; un jour, du haut du ciel, Dieu vous proclamera sauveurs du monde!

Enfin, l'homme, considéré individuellement, doit vivre de deux vies et être fort de deux énergies, pour accomplir le bien sur les deux théâtres où Dieu l'a placé : la source de l'énergie naturelle, c'est le progrès et la diffusion des principes de la raison humaine ; la source de l'énergie surnaturelle, c'est l'union jusqu'au sang avec Jésus-Christ, le principe incarné de la raison divine. Mais l'homme n'est pas un être isolé, c'est un être social ; ce nouveau titre élargit sa gloire et avec sa gloire sa tâche : car ce n'est plus assez de faire le bien en lui, il doit encore le faire en dehors de lui ; ce n'est plus assez d'avoir des vertus privées, il doit encore avoir des vertus sociales. Et dès lors, il ne suffit plus d'une énergie individuelle, soit naturelle, soit surnaturelle; il lui faut encore une énergie sociale, c'est-à-dire une vie d'association, soit naturelle, soit surnaturelle.

Cette énergie sociale naturelle vous vient, Messieurs, de la grande association naturelle à laquelle vous appartenez comme citoyens : je veux dire la Patrie ; et cette énergie sociale surnaturelle vous arrive de la grande association surnaturelle à laquelle vous appartenez comme chrétiens : je veux dire l'Église. La Patrie et l'Église ! voilà les deux principes qui vous versent la nouvelle énergie dont vous avez besoin pour assurer et dilater le bien dans les sociétés, parce que la Patrie c'est la raison individuelle passée à l'état social, comme l'Eglise c'est Jésus-Christ devenu société. Dans cette Patrie et cette Église, vous avez voulu vous rapprocher entre vous davantage, et vous avez formé une société qui tient et de l'une et de l'autre. Vous êtes une société nationale, vous êtes une société chrétienne : deux fois gloire à vous ! Marchez comme des hommes qui sentent flotter sur leur tête deux drapeaux sublimes, celui de la terre, resplendissant des lumières de la raison et déployé par la Patrie, et celui du ciel, resplendissant des lumières de Jésus Christ et déployé par l'Église. Soyez dignes et de l'un et de l'autre; soyez fiers d'eux et rendez-les fiers de vous. Les hommes éminents qui les représentent immédiatement à vos yeux, ce sont vos Présidents, et avec eux ceux qui les assistent : faites par vos vertus que ce soit pour eux une gloire de marcher à votre tête, comme c'en est une pour vous de les suivre.

Et, puisque c'est l'amour qui nous fait accomplir le bien, aimez-vous tous les uns les autres ; resserrez jusqu'à l'intimité les liens qui vous unissent. Si les méchants s'associent et centuplent leur force pour faire le mal, vous aussi, centuplez votre force pour déclarer au mal une haine qui le détruise et au bien un amour qui l'accomplisse. Faites de vous tous comme une armée invincible au service de la vertu; soyez unis pour elle contre le vice comme les soldats de César l'étaient pour lui contre Pompée : ils mouraient de faim à Dyrrachium; mais plus forts que la faim, ils déclarèrent qu'ils mangeraient l'écorce des arbres plutôt que de laisser échapper leur ennemi; c'étaient des héros, Messieurs. Mais au-dessus des héros de la terre, il y a les héros du ciel, les Saints : plaçant donc votre idéal jusque dans la sainteté, soyez unis mieux encore que les soldats de César, soyez unis comme les soldats du Christ, comme ces premiers chrétiens qui ne faisaient entre eux qu'un cœur et qu'une âme; et alors, vous aussi, vous pourrez vous écrier avec l'un d'eux : « Qui donc nous séparera « de l'amour du Christ? la tribulation? l'angoisse? la « faim? la nudité? le péril? la persécution? le glaive?.. « Non, j'en suis certain, ni la mort, ni la vie, ni les « anges, ni les principautés, ni les vertus, ni le pré- « sent, ni l'avenir, ni la force, ni la hauteur, ni la pro- « fondeur, ni rien de tout ce qui est créé ne pourra

« nous séparer de l'amour que nous avons pour
« Dieu dans le Christ Jésus notre maître (1). » Les
montagnes se dresseront, les abîmes s'ouvriront, les
vents feront souffler leur colère : mais vous, vous
franchirez les montagnes et les abîmes, et vous
briserez les tempêtes. Et, après avoir voulu vous ef-
frayer, le mal essaiera de vous charmer; les hon-
neurs viendront étaler leur éclat sous vos yeux, les
plaisirs se mettront comme des fleurs sous vos pieds,
l'or appellera vos mains : mais vous, vous dédaigne-
rez l'orgueil, vous foulerez la sensualité, vous re-
pousserez la cupidité, parce que vous aurez dans
votre âme, contre chacune des trois concupiscences,
les trois grandes énergies de ce monde : l'énergie
humaine, l'énergie chrétienne, l'énergie sociale.
Chacun de vous pourra répondre à chacun de ses
ennemis : Je m'appelle homme, je m'appelle chrétien, je m'appelle légion ; Dieu me l'a dit en Jérémie,
et, je le sens, il m'a mis contre toi comme une co-
lonne de fer, *dedi te in columnam ferream.* Arrière,
et laisse-moi marcher! Quiconque attaque le bien
est une force qui recule, quiconque le défend est une
force qui va !

(1) Ep. aux Romains, viii, 35, 38, 39.

FIN